AF244424

NOTICE
SUR
CROQUOISON

PAR

DACHEUX CHARLES

Notaire honoraire

à Airaines (Somme)

IMPRIMERIE OLLIVIER — CAYEUX-SUR-MER

1912

CHAPITRE PREMIER

Ouvrages et Documents consultés

1° *Dictionnaire topographique du département de la Somme,* par M. J. GARNIER.

2° *Nobiliaire de Ponthieu et de Vimeu,* par M. RENÉ DE BELLEVAL, 1861.

3° *Rôle des Nobles et Fieffés du Bailliage d'Amiens,* par le même, 1862.

4° *Les Fieffes et les Seigneurs du Ponthieu et du Vimeu,* par le même, 1870.

5° *Bénéfices de l'Eglise d'Amiens,* par M. DARSY.

6° *Coutumes locales du Bailliage d'Amiens,* publiées par M. BOUTHORS.

7° *Histoire du Monastère royal de Saint-Martin-des-Champs,* par M. MARRIER.

8° *Documents concernant la Picardie,* par M. VICTOR DE BEAUVILLÉ.

9° *Recherches généalogiques,* par M. DE LA GORGUE DE ROSNY.

10° *Histoire des Protestants,* par M. L. ROSSIER, 1861.

11° Le Pouillé de 1301.

12° Le Pouillé de l'Archidiaconé de 1689.

13° Archives départementales de la Somme.

14° Archives de la Bibliothèque communale d'Amiens.

15º Archives de la commune de Croquoison.
16º Archives de l'Hôtel-Dieu d'Airaines.
17º Minutes de notaires.
18º Manuscrits de Guilmeth, Bibliothèque d'Abbeville.
19º Manuscrits conservés chez les particuliers.
Gravures.
Photographies et clichés de Mlle Marguerite Maire, d'Amiens.

LE PUITS COMMUNAL

CHAPITRE II

Croquoison. — Aspect, Généralités

Croquoison est un petit village du canton d'Oisemont, département de la Somme, à 10 kilomètres d'Oisemont et à 34 kilomètres d'Amiens, ayant actuellement quarante habitants avec treize maisons, dont onze habitées. Il a été annexé à Heucourt en 1840.

Le bas du village est traversé par la route d'Airaines à Liomer ; deux maisons seulement se trouvent sur cette route ; le surplus des habitations est à mi-côte, contre le bois d'Etréjust, l'un des plus beaux de la région, touchant à Croquoison, à Avesnes et à Etréjust. Ces deux communes sont distantes de Croquoison d'environ deux kilomètres. L'air y est très sain, les lieux de promenade très attrayants, au milieu de sites fort pittoresques. De l'extrémité du bois, vers Métigny, au lieudit « queue Ferrette », le panorama qui s'offre à la vue du promeneur est magnifique et de grande étendue.

Un puits communal à treuil avec corde et couvert à l'ancienne mode, ayant vingt-huit mètres de profondeur, assez éloigné des habitations et des chemins pour éviter les infiltrations des purins et eaux ménagères sortant des cours, donne une eau très pure et très légère. (V. gravure.)

Le territoire de Croquoison, avant son annexion à

Heucourt, longeait celui d'Etréjust par un coteau partant
du bois pour aller aboutir au territoire de Métigny, dont
le versant sur Croquoison est au nord, et se continuait
par une petite vallée coupée en deux par la route, touchant au territoire de Heucourt et aboutissant à celui
d'Epaumesnil.

Le coteau vers Etréjust est calcaire, en grande partie
en friches, plantées en basse futaie de faux-ébéniers
(cytise) et de sapins.

Le vallon est argileux ; un ravin ou « riot » y existait
autrefois, longeant le coteau, et servant à l'écoulement
des eaux sauvages, qui, dans les temps anciens, y étaient
très abondantes.

Il n'y a plus à Croquoison que trois maisons de culture ; les ouvriers qui n'y sont pas employés, tissent la
toile à domicile, avec métiers à mains.

Un ouvrier amateur y a créé, en commençant par une
unité, un rucher d'abeilles, aujourd'hui formé de cent
grandes boîtes à cadres mobiles, permettant l'enlèvement
du miel sans déranger la ruche ; chaque boîte contient de
50 à 60,000 abeilles. Ce rucher produit un miel de grande
finesse, se conservant, sans altération, pendant plusieurs
années, dans des cruchons de grès, même entamé. La
finesse de ce miel est due aux fleurs sylvestres (fleurs des
bois) qui se trouvent à proximité de ce rucher.

Si cet amateur était un peu... chimiste moderne, il
pourrait tripler ses produits et avoir encore du miel de
bonne qualité.

Antérieurement à 1840, Croquoison avait sa municipalité particulière, avec prêtre, chapelain et instituteur,
sans cependant avoir jamais eu une bien grande importance.

En 1698, Croquoison-en-Vimeu, qui était de l'élection
d'Abbeville et du Doyenné d'Airaines, avait 115 habitants,
et en 1760, 33 feux avec Epaumesnil (R. de Belleval).

CHAPITRE III

Origine — Lieux-dits — Etymologie

Origine. — Le village de Croquoison est, je crois, d'origine médiévale : fin du XIe siècle, ou plus vraisemblablement, première moitié du XIIe.

Quelques huttes de charbonniers et de bûcherons, puis quelques rares maisons de laboureurs s'y édifièrent à la suite de défrichements d'une partie des bois actuels.

Lieux-dits. — *Queue Ferrette :* Pointe de bois où nos ancêtres allaient « s'esbaudir » le dimanche, pendant la bonne saison. Nos aïeules y dansaient au son du violon d'un aveugle, le père Minique, d'Avesnes.

Mont de Beauchamps : Sur anciens titres on lit : « Biacan et Mont de Biocants ». Les habitants disent : « Bieucamp ».

De cet endroit, Airaines est bien en vue ; les deux petites vallées de chaque côté de ce coteau, vers Etréjust et Croquoison, ont pu servir à dissimuler les troupes qui, au XVe siècle, attaquaient les châteaux-forts d'Airaines ; ces deux petites vallées aboutissant à Métigny, près d'Airaines, devaient être pour ces troupes d'un grand avantage.

Chemin du bois des Conchy.

Les Riez : Terrain inculte, en grande partie planté depuis vingt-cinq ans de sapins et faux-ébéniers (cytise).

La Cense : Cense signifiant métairie, une ferme a dû exister en ce lieu.

Aux Neiges : Versant au nord du coteau où la neige reste longtemps avant de fondre.

Les Onze (sous-entendu : journaux).

Sous le chemin d'Airaines ou *routière :* Sous le coteau, il existait autrefois, sur les bords du ravin, une double rangée de pommiers, du bois d'Epaumesnil à Métigny.

Le Fond du Bosquet ou *Fond du Buquet :* Il n'y a plus ni bosquet, ni buquet.

Au Fiez : Probablement où existait un fief, que nous n'avons cependant relevé nulle part dans les ouvrages consultés.

Derrière les haies.

Au Grez : De grès il n'en existe plus. Cet endroit étant argileux, en terre profonde, il n'a pu en surgir en ce lieu. Le grès qui a donné son nom à ce canton n'a pu être qu'un polissoir néolithique, une pierre d'alignement disparue depuis longtemps.

Le Domaine ou *Fosse d'Heucourt.*

Le Haut du Domaine.

Le Rideau du Greffier.

Le Montant : Côte vers Heucourt.

Au Bois d'Heucourt.

Côte du Moulin.

Au Moulin.

Terres de l'Eglise.

La Briqueterie : Une briqueterie a existé en cet endroit lors de la reconstruction du château et du clocher, au XVIIe siècle.

Etymologie. — L'étymologie de ce nom de localité est des plus simples, et pas n'est besoin de se creuser la tête pour la trouver. *Croque-oison :* lieu, endroit où les oies sont mangées par les bêtes ou les gens, voire même par les deux réunis.

LE VILLAGE EN 1840

Croquoison avant le XIIe siècle. — Les traces de l'âge de pierre, du bronze, des époques gallo-romaine et mérovingienne, sont peu apparentes sur le terroir de Croquoison ; nous n'avons, comme indice, qu'une note de Guilmeth, ainsi conçue :

« Sur Heucourt, entre Heucourt et Croquoison, en
« creusant le chemin vicinal d'Airaines à Liomer, des
« ouvriers ont trouvé, en septembre 1849, une grande
« quantité d'ossements humains, avec des restes de
« charbon, restes d'une tombelle gauloise, ainsi que l'at-
« testent les restes d'un cheval ».

C'est sur Croquoison que cette découverte a eu lieu, à cinq cents mètres du village, à gauche, à l'entrée vers Airaines ; ce qui est surprenant, c'est que dans cette note il ne soit pas parlé d'objets accompagnant généralement ces sépultures, tels que silex taillés, haches, flèches, vases, etc... Cette note trop succincte ne nous autorise pas à assigner à notre localité une époque des plus reculées, mais elle permet d'y marquer le séjour ou le passage de lointains ancêtres.

Quelques rares instruments de l'âge de pierre, de la pierre polie surtout, perdus par nos primitifs aïeux dans leurs pérégrinations à travers la forêt, ont été ramassés sur différents points du terroir.

CHAPITRE IV

Ses différentes dénominations

Du *Dictionnaire topographique du département de la Somme,* par J. Garnier, 1867 :

CROQUOISON.	1264.	Godefroy de Bretisel.
—	1337.	Rôle des nobles et fieffés.
—	1339.	Quittance de Jean de Croquoison, Trés. gén.
—	1692.	Pouillé.
—	1757.	Cassini.
—	1766.	Cout. de Ponthieu.
—	17	brum. an X.
CROKOISON.	1301.	Pouillé.
CROQUE-OISON.	XIV.	Armorial.
CROCQUOISON.	1562.	Lettres de Charles IX (Augustin Thierry).
CROQUE-OYSON.	1637.	Marrier: H.St-Martin-des-Champs
—	1782.	Dom Grenier.
CROICOSSON.	1648.	Pouillé général.
COCROISON.	1761.	Robert.

Ces différentes manières d'écrire ce nom peuvent provenir d'une prononciation défectueuse, ainsi que de la négligence de certains copistes.

CHAPITRE V

Noms de personnes qui ont habité Croquoison aux XVIIe et XVIIIe siècles

Adrien Duhamel, Vve Charles Duhamel, Adrien Piédecocq, Jean Sellier et Marie Pierre, sa femme ; Charles Sellier-Pelletier, Jean dit le Noble, Pierre Dufossé et Marie Riquier, sa femme ; Charles Sellier, le jeune ; Pierre Dufossé et Françoise Piédecocq, sa femme ; Leclercq, magister ; François Dupont et Madeleine Delaire, sa femme ; Antoine Dupont et Marguerite Piédecocq, sa femme ; Antoine Noblesse et Marie Dargent, sa femme ; Philippe Boulenger et Françoise Duhamel, sa femme ; Pierre Buseau et Catherine Leroux, sa femme ; Nicolas Piédecocq et Marie Bouton, sa femme ; Adrien Dacheux ; Marie Mantel, veuve de Jean Gamard ; Pierre Boulenger, François Damonneville, Pierre Fossé et Madeleine Doval, sa femme ; François Boulanger, Jean Buzieux dit la Fleur et Marie-Anne Fossé, sa femme ; Louis Piédecocq, magister ; Firmin Hochu et Catherine Sangnier, sa femme ; Louis Buzieux, Jean-Charles Dupont, Adrien Lesenne et Marie-Marguerite Guayet, sa femme ; Louis Damonneville et Marie-Jeanne Hénocque, sa femme ; Charles Flamen, André Dumesge, Mathieu Boutellier et Marie-Catherine Houbart, sa femme ; Jean Guidon, François Gamard et

Marie-Jeanne Soulas, sa femme ; Adrien-Martin Collin et Jeanne Fortin, sa femme ; Jean-François Gamard et Marie-Marguerite Preuvost, sa femme ; Jean Houbart et Catherine Tourneur, sa femme ; Jean-François Séclet, Nicolas Buquet et Marie-Anne Cahon, sa femme ; Jean Sellier et Marie-Anne-Ursule Gamard, sa femme ; Félix Gamard et Marie-Josèphe Bourgeois, sa femme ; Nicolas Letailleur et Elisabeth Gambier, sa femme ; François Collin, berger de Croquoison, et Angélique Dompierre, sa femme ; Alexandre Dupont, Sophie Dupont, François Lesenne, Louis Legris, Joseph Citerne.

Presque tous ces noms ont disparu du village.

Légende. — Sophie Dupont, l'une des personnes susnommées, un peu simple, eut un jour l'idée de vêtir un jeune agneau pour le préserver du froid. Après lui avoir cousu sur le corps un morceau d'étoffe, lui laissant seulement la tête et les pattes libres, elle le remit, ainsi accoutré, dans la bergerie avec les autres agneaux et les brebis ; mais le lendemain matin, elle eut la douleur de trouver son pauvre protégé sans vie. Ses pareils l'ayant vu ainsi déguisé, ne l'ont pas reconnu pour l'un des leurs, ils en ont été effrayés, se sont rués sur lui et l'ont tué.

Cette leçon donnée par des bêtes, peut profiter à bien des personnes fantaisistes qui, sous prétexte de les embellir ou protéger, affublent certains animaux, qu'ils réussissent seulement à ridiculiser, enlaidir et gêner. La nature les ayant parés comme ils doivent l'être et dotés de ce qui leur est nécessaire pour les protéger utilement contre les intempéries, le plus sage est donc de les laisser en leur état naturel, sans aucune addition.

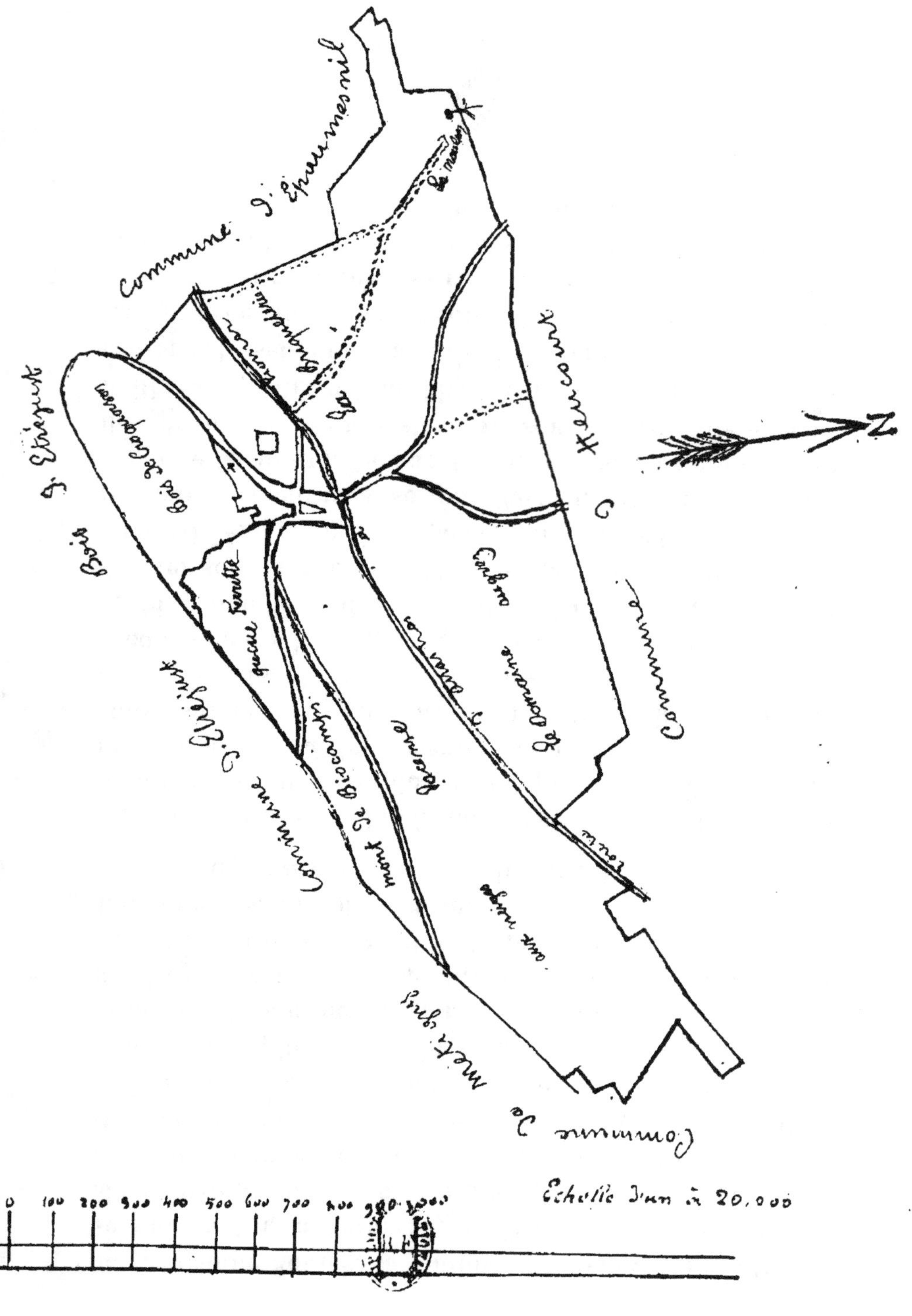

Commune d'Épaumesnil
le Moulin
Commune d'Éléjuit
Bois d. Étiéput
Bois de Croquoison
queue feuille
la Briquelerie
Hercourt
C
Commune
le Domaine auque
Beaumé
Blanon
mont de Biocomps
aux neiges
tou ta
Commune de Metigny
N
Échelle d'un à 20.000
50 0 100 200 300 400 500 600 700 800 900 1000

CHAPITRE VI

Seigneurs ayant habité Croquoison
Notes concernant la Seigneurie

1337. — Robert de Croquoison.

Ce nom ne figure pas en l'ouvrage de M. R. de Belleval
sur les fiefs et les seigneurs du Ponthieu et du Vimeu.

Ce doit être cependant l'un des seigneurs de Croquoison, ainsi que permet de le supposer le rôle des nobles
et fieffés du bailliage d'Amiens, convoqués pour la guerre
le 25 août 1337, et l'appel fait à Oisemont, constaté par la
note dont copie suit :

PRÉVOSTÉ DU VIMEU ET D'OISEMONT

« *Item*, le ix° jour de septembre l'an dessusd. (1337),
« nous transportames à Oisemont ou nous aviesmes
« assigné jour au prévost et serjans de la prévosté de
« Vymeu, pour faire convenir par devant nous aud. lieu
« et jour les nobles de lad. prévosté et les présents et
« adjournés et ceux dont relations nous furent faites,
« feimés escribe comme dessus et la manière qui s'en suit:

VYMEU
Ce sont ceux à cheval montez et armez

379. Le Seigneur de Bétencourt, lui quart.
400. Jehan d'Airaines.

416.   Mignot du Kainoy (Quesnoy).
454.   Willaume d'Alery.
458.   Aussant d'Oisemont.
538.   Jehan de Alencourt de Droumaignil.
600.   Robert d'Espemaignil.
609.   Jehan de Forest.
610.   Robert de Croquoison.
611.   Gauwin de Lenicourt, pour son père.
616.   Adenet de Limeu.
625.   Brunet de Rambures.
673.   Rifflard d'Airaines.
642.   Pierre de Herceleines (Harcelaines).
651.   Jean de Belesart (Beaussart).
   Suite : *Che sont ceux armez à pié.* »

A cette pièce est joint l'écu de Robert de Croquoison, ainsi figuré :

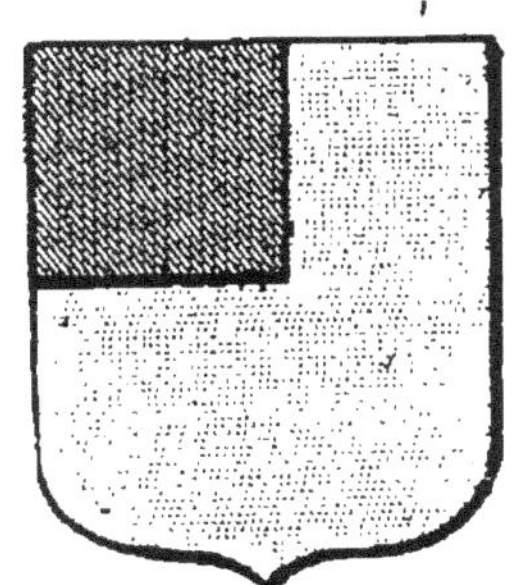

ROBERT DE CROQUOISON, portant :

d'argent au franc quartier de gueules.

(R. de Belleval, 1862).

Ce Robert de Croquoison devait donc habiter le village, puisque c'est un des seigneurs des environs d'Oisemont compris dans la convocation faite pour le neuvième jour de septembre 1337.

Suite des seigneurs de Croquoison :
1380. — JEAN DE CROQUOISON, chevalier.
1420. — JEAN DE CROQUOISON, chevalier.
1420-1500. — M. DU CROQUOISON, son fils.
1500-1520. — JOSSE DE MAUVOISIN, homme d'armes des ordonnances du Roi.

« En 1507, une d^lle Isabeau de Croquoison approuve les
« coutumes d'Airaines par de Montenercourt, son pro-
« cureur ».   (Bouthors).

1520-1560. — JEAN DE MAUVOISIN, écuyer du Roi.

1560-1585. — CHARLES DE MAUVOISIN, écuyer du Roi.

1585-1590. — ADRIEN DE MAUVOISIN, écuyer du Roi.

1590-1604. — ANTOINE DE SAINT-SOUPLIS, écuyer, mayeur
d'Abbeville.

1604-1640. — JACQUES DE SAINT-SOUPLIS, écuyer du Roi.

1640-1680. — ANDRÉ DE SAINT-SOUPLIS, écuyer du Roi.

1680-1720. — ANDRÉ DE SAINT-SOUPLIS, chevalier.

                                   (R. de Belleval.)

1720-1744. — Messire JEAN LEVASSEUR DE COURTIEU,
seigneur de Croquoison et autres lieux, demeurant habi-
tuellement en sa maison seigneuriale de Croquoison. Il
était marié avec Catherine Morel.

Il est décédé en 1744, sans enfant, laissant

Pour seule héritière :

Madame Marie-Charlotte Levasseur de Courtieu, sa
sœur, veuve de Messire Jean Macquerez, seigneur de Catigny, demeurant à Croquoison ;

Et légataire de 32,000 livres :

Mademoiselle Marie de Sarranne de Rouvroy, demeurant à Croquoison.

« Après ce décès, cette d^lle a été habiter Vergies.

« Mad^e de Catigny est décédée à Croquoison en 1752,
laissant pour seule héritière, en vertu du droit d'aînesse,

« Mademoiselle Marie-Marthe Soyer d'Yntraville, sa
petite-fille, âgée de 22 ans,

« Née à Cuverville du mariage de Marie-Anne
« Macquerez, fille de Mad^e de Catigny, avec Messire
« Louis-Barthelemy Soyer, chevalier, seigneur d'Yn-
« traville et autres lieux ».

Messire Louis-Barthelemy Soyer d'Yntraville est venu

habiter Croquoison avec sa fille ; il y est décédé à l'âge de 74 ans, le 24 novembre 1768.

En octobre 1756, Mademoiselle Soyer d'Yntraville s'est mariée avec Messire Constantin-Louis-Joseph Bayard , écuyer, vicomte de Thérouanne, mayeur et héréditaire de Dohan, seigneur de l'Edinghen, Sainte-Gertrude, Lahaye, Lamotte, L'Escouars et autres lieux, garde du corps du Roi, demeurant en son château de L'Escouars.

(*Nota :* Ne pas confondre avec le grand Bayard, tué près de Milan, au village de Biagrasso, en 1524.)

A signé au contrat : Messire Maximilien de Cacheleu, demeurant à Méricourt-en-Vimeu.

Le 20 mai 1757, Bayard est décédé à Croquoison, sans enfant.

Suivant la coutume, il a été sonné pendant six semaines.

Après ce décès, il a été fait inventaire des biens de leur communauté et de sa succession.

Il a été inventorié notamment :

« Mobilier peu luxueux, argenterie comprenant : 10 couverts, mouchettes et porte-mouchettes, plus 3 chandeliers ; lits garnis d'une paillasse, un lit de plumes, un matelas, oreillers, une paire de draps, une courtepointe en indienne, rideaux de camelo bleu, assez de linge de table et de maison, un cabriolet, une vielle berline à 4 roues, un mulet, instruments de culture, trois cacolets ou juments, estimés les trois 270 livres ».

Le total de la prisée s'est élevé à.. 3,542 livres 4 sols.

Propres du défunt :

Son cheval,

Sa garde-robe comprenant des habits en drap rouge et autres couleurs, chapeaux à panache, etc...... un couteau de chasse avec son ceinturon brodé d'or, une épée, un sabre et deux pistolets.

Pas de fusil : Le fusil était cependant inventé depuis 1630 et en usage depuis 1704.

LE CHATEAU

Au passif, il a été déclaré qu'il était dû :

1°, 2°, 3°, 4° A Charles Waquet de l'Arbre à mouches, 75 livres pour un demi-muid de vin . . . .   75 l.

5°

6° A M. le Curé, pour le service très solennel à 9 leçons, sonnage, enterrement et la messe haute, compris la messe basse pendant la haute, le vicaire pour assistance, les Diacre, sous-Diacre et clercs, les congrégés au nombre de 6, pour avoir passé le jour auprès du corps, et serviteurs d'Eglise, pour avoir sonné pendant 6 semaines, et second service qui a été fait, compris encore celui anniversaire à faire à la fin de l'année, cire et armoirie, la somme de cent livres. . . . .   100 l.

Total du passif : 7,000 livres. . . . .   7.000 l.

En 1760, la veuve Bayard convole en secondes noces avec le comte Louis-Marie-Joachin de Fontaine, seigneur de Beaucasselin et autres lieux.

Le 7 janvier 1762, naissance d'une fille issue de ce second mariage, décédée le même jour.

Le comte de Fontaine est décédé peu de temps après.

Le 28 novembre 1764, la veuve de Fontaine convole en troisièmes noces avec Messire Jean-Henri Dippre, chevalier, Patron de Monchy, Duraux, Seigneur de Croquoison et autres lieux, ancien capitaine d'Infanterie et Chevalier de l'ordre militaire de Saint-Louis.

> « M. Dippre, fils de feu Joseph Dippre, Seigneur
> « de Monchy, Chevalier de Saint-Louis, brigadier
> « des deux cents Chevau-légers de la garde du Roi,
> « et de feue Marguerite-Catherine-Henriette de
> « Cascheleu, son épouse ».

Ont été témoins au mariage :

Charles-Joseph Dippre, chevalier de l'ordre de Saint-Lazare, lieutenant au régiment de Béarn-Infanterie, frère du marié ;

Maximilien de Cascheleu, chevalier de Saint-Louis, garde du corps du Roi, dans la Compagnie d'Ecosse, son cousin.

De ce mariage, deux filles sont nées :

La première le 31 juillet 1765, décédée le 13 octobre 1765 ;

Et la deuxième le 26 août 1767, décédée le 17 octobre 1767.

En 1793, M. Dippre a été guillotiné à Paris, après avoir été arrêté avec le meunier de Croquoison, qui fut relâché.

Les personnes âgées, en rappelant ce fait, disaient :

Ech magnier il est erc'nu, mais mossieu il est resté.

Mᵐᵉ Dippre est décédée à Croquoison le 17 prairial an VIII (5 juin 1800), soit sept années après l'exécution de M. Dippre ; elle était âgée de 70 ans.

Les héritiers de M. Dippre ayant renoncé à sa succession, un curateur à succession vacante a été nommé. — Mᵐᵉ Dippre a eu des procès à soutenir contre ce curateur, pour la revendication de ses droits. Puis, pour reprendre la gérance de ses affaires, elle a dû adresser une pétition au District et à l'appui produire des certificats des municipalités de Croquoison, Heucourt, Avesnes et Etréjust, attestant qu'elle se comportait en bonne citoyenne, qu'elle montrait des sentiments de patriotisme et qu'elle donnait en toute occasion l'exemple de la soumission aux lois.

Les époux Dippre avaient vendu pendant leur mariage :

La ferme de Courtieu, le 1ᵉʳ mai 1772, propre à Mᵐᵉ Dippre ;

Des immeubles, dont nous n'avons pas trouvé la désignation, à M. Ternisien d'Ouville et autres, par acte passé devant Mᵉ Delattre, notaire à Paris, le 25 juin 1774, moyennant 16,600 livres, dont 10,000 sont demeurées converties en rente viagère ;

Le Moulin de Croquoison à J.-Bᵗᵉ Séclet d'Avelesges, moyennant 2,800 livres de deniers principaux et 144 livres d'épingles, par acte passé devant Loquel, notaire à Hornoy, le 11 septembre 1775.

« Les minutes des actes de ce notaire ne se trouvent plus dans les études des notaires d'Hornoy ».

Et d'autres ventes à rentes viagères.

« Ces renseignements proviennent des déclarations faites en l'inventaire dressé après la mort de M. Dippre. »

Après le décès de son mari, Mme Dippre, alors âgée de 63 ans, n'étant sans doute plus apte à diriger seule ses affaires, avait pris comme régisseur Pierre-Louis Lévêque, prieur-curé d'Heucourt, qui ne fut pas longtemps à capter sa confiance et à lui faire faire un testament à son profit, l'instituant légataire universel.

Lors du décès de Mme Dippre, Lévêque habitait Etréjust.

Les héritiers de la ligne maternelle s'étant présentés pour recueillir la succession, Lévêque forma opposition à l'inventaire et à la vente du mobilier, en se disant légataire universel, mais sans produire de testament. Les inventaire et vente mobilière eurent lieu malgré ces oppositions, en vertu de décisions judiciaires.

Tout le mobilier a été vendu à l'encan, devant la porte du château, même les habits et le linge de corps de la dame Dippre, en vingt-trois séances, dont la dernière a eu lieu le 25 brumaire de l'an IX ; cette vente a rapporté 9,640 fr.

Lévêque ayant enfin produit le testament olographe de la dame Dippre du 9 floréal an V, déposé aux minutes de Théroise, notaire à Lignière-Chatelain, enregistré à Poix le 28 prairial an VIII, un procès fut engagé entre lui et les héritiers de Mme Dippre, qui demandaient la nullité du testament pour cause de captation.

Sur cette instance est intervenu un jugement du Tribunal de 1re instance d'Amiens, sur transaction probable entre les parties, qui a réduit le legs universel de Lévêque au sixième des biens de la succession de la dame Dippre.

Par acte devant Me Cumont, notaire à Airaines, le

11 frimaire an X (1801), pour ce sixième, en ce qui concernait les immeubles, il lui a été attribué :

1º Huit journaux de terre, d'un côté au terroir d'Epaumesnil, d'un bout au chemin d'Epaumesnil ;

2º Trois verges de fossé avec cinq pommiers ;

3º Huit journaux de terre, d'un côté vers Airaines au terroir d'Heucourt, d'un bout le chemin d'Airaines ;

4º Sept journaux de terre, d'un côté vers Métigny à Pierre-François Gamard ;

5º Six journaux du bois de Croquoison.

Aucun héritier ne s'étant présenté dans la ligne paternelle, ceux de la ligne maternelle se sont trouvés nantis de la succession entière, conformément à la loi du 17 nivôse an II.

Ces héritiers étaient :

Nicolas-Joseph-Alphonse Levaillant, de la Vassorrie, propriétaire, demeurant à Réalcamp, canton de Blangy ;

Pierre-Charlemagne Levaillant, de Plémont ;

Victor-Modeste Levaillant, de Beaupré ;

Louise-Emélie Levaillant ;

Conjointement pour moitié de la ligne maternelle, branche des Macquerez.

Thérèse-Angélique Bonnard, épouse de François Beaurin, juge-de-paix du canton de Menersat (Seine-Inf.);

Pierre-François Bonnard ;

Joseph Bonnard ;

Marie-Rose Bonnard ;

Marie Bonnard ;

Les enfants de Jean Bonnard ;

Les enfants de Pierre-Boniface Bonnard ;

Les enfants de Marie-Anne Bonnard ;

Chacun pour 1/16º de la ligne maternelle, branche Levasseur.

Antoine-Adrien Dubucq ;

Pierre-Antoine Dubucq ;

Julie Dubucq ;

Marie-Catherine Dubucq ;

Marie-Madeleine Dubucq ;

Geneviève Dubucq.

Chacun pour 1/12e de la même ligne et même branche.

Tous ces héritiers habitant la Seine-Inférieure.

Par actes des 26 frimaire, 5 nivôse et 4 thermidor an X, de Me Cumont, notaire à Airaines, ces héritiers se sont partagés les immeubles de la succession, qui comprenaient, déduction faite des attributions au sieur Lévêque :

131 journaux de terre ;

30 journaux de bois ;

15 journaux : château, plant et terre en culture.

Tous ces héritiers ont dû vendre leurs parts.

Notes concernant la Seigneurie de Croquoison

Rôle de la taxe faite par nous Commissaire en présence des officiers du Roy, sur les bénéficiers du Diocèse d'Amiens exemptz et non exemptz de la somme de dix mil trois cent soixante quatre livres accordez et dotroyez au Roy notre Sire par messieurs les évesques doyens chapitre et clergie du diocèse d'Amiens pour le reffus par eulx faict de asseoyr ladite somme le XXI jour de mars l'an mil cinq cens vingt deux en la manière qui suit :

[ont

Etc.....

Le doyenné d'Airaines,

Le prieuré d'Airaines,

Etc.....

Les cures.

Croquoison LXS :

Charles de Mauvoisin, escuier Seigneur d'Epaumesnil et Croquoison pour la terre et seigneurie d'Epaumesnil qu'il a déclaré faire valoir la somme de 250 livres tournois a été taxé à raison de six sols pour livre la somme de 75 livres tournois.

Dîme :

D'après la déclaration faite par le frère François Testu, de l'ordre des Prémonté, prieur-curé de la Maronde, le 17 septembre 1728, une charge de dîme de 7 livres 10 sols existait envers le seigneur de Croquoison.   (L. Darsy.)

Aubercourt-Rubempré :

Charles de Rubempré tient ung fief à Aubercourt par vingt sols parisis et x sols parisis de Chambelage avec service de plaidz trois fois l'an à Bove.

Relief : xx sols parisis. — Chambelage x sols parisis.

Ledit fief a appartenu à Antoine de Rubempré et.....

Charles de Mauvoisin, seigneur de Croquoison marz et bail de damoiselle Antoinette de Rubempré, cousine issue de germain de ladite de Hangest a rellevé ledit fief le III mars LXX (1570).   (V. de Beauvillé.)

Nobiliaire de Ponthieu et de Vimeu

par R. DE BELLEVAL, 1864, tome I.

LES DE CROQUOISON.

Il ne reste que bien peu de documents sur cette famille d'ancienne noblesse qui disparut du Ponthieu au moyen-âge, et ces documents ne permettent pas d'établir une filiation suivie. Ils constatent l'existence de quelques membres de la famille, séparés les uns des autres par de longues années, et permettent d'affirmer qu'à partir du xvi° siècle, messieurs de Croquoison s'établirent définitivement à Amiens. On suppose que ceux-ci empruntèrent leur nom au village de Croquoison.

Evrard de Croquoison, chevalier sénéchal de Brétizel, témoin d'une donation faite à l'Abbaye d'Aumale, en novembre 1214.

Wautier de Croquoison, chevalier.

Dans les archives de l'Evêché d'Amiens (inv. de 1744-1746), page 84, se trouve la note ci-après :

« L'an 1232, au mois de février, reconnaissance par
« Walterus (Wautier) de Croquoison, telle qu'il doit à la
« maladrerie du Quesne (Quereu), un demi-setier de bled
« par an, mesure d'Inval ; au bas de laquelle est apposé
« un sceau en cire blanche rougie ».

Jean de Croquoison.

En 1295, Jean de Croquoison, avec Enguerrand, chevalier seigneur d'Airaines, accompagne le comte d'Artois à l'armée de Guyenne.

En 1339, il donne quittance à François de Lospital, clerc des arbalétriers, du reste de ses gages pour son service au « derain host ».

Robert de Croquoison, ajourné pour la guerre par ordre de Philippe de Valois, en 1337.

N. de Croquoison, alliée vers 1350 à Robillard de Belleperche, écuyer.

Gilles de Croquoison, seigneur de Tailly, vivait en 1377 ; laisse à Jean de Monencourt ses biens d'Arguel.

Jean de Croquoison, chevalier-bachelier, figure dans un armorial de 1397.

Jean de Croquoison, fils du précédent, épouse Mahaut de Belleval vers 1420.

Simon de Croquoison, demeurait à Bernaville en 1447.

Willart de Croquoison possédait une maison et un colombier à Bernaville en 1447. Après sa mort, sa veuve Simone se remaria avec Enguerrand Le Petit.

Nicolas de Croquoison, seigneur de la Cour des fiefs, fut mayeur d'Amiens en 1568 et en 1572.

N... de Croquoison, supérieure de l'Hôtel-Dieu d'Arras en 1665.

Les armes : *D'argent au franc-quartier de gueules.*

Recherches généalogiques

par de la Gorgue de Rosny, tome III.

Les de Saint-Souplis.

Le premier qui prit le titre de Seigneur de Croquoison fut :

Antoine de Saint-Souplis, écuyer, seigneur de Watteblery, Croquoison et Tours en partie, fut mayeur d'Abbeville en 1565. Il mourut en 1604, âgé de 76 ans ; il avait épousé Françoise de May, de laquelle il eut :

Jacques de Saint-Souplis, écuyer, seigneur de Watteblery, Beaulieu, Gorenflos, Croquoison et Tours en partie, épousa Isabeau de Saint-Blimond en décembre 1595. Il eut d'elle :

1° André ci-après ;

2° Antoine de Saint-Souplis, allié à Charlotte de la Rue en novembre 1644 ;

3° Louise de Saint-Souplis, femme de François de Mauvoisin, écuyer, seigneur de Lignière ;

4° Françoise de Saint-Souplis, alliée à Jean le Moisne, écuyer, seigneur de Blangermont.

André de Saint-Souplis, écuyer, seigneur de Croquoison, épouse Marie de Cacheleu en mars 1640 ; il eut d'elle trois enfants :

1° André ci-après ;

2° Nicolas de Saint-Souplis, enseigne au régiment de Rambures ;

3º Antoinette de Saint-Souplis, alliée en avril 1669 à Pierre-Maximilien Le Prévost, chevalier, seigneur de Glimont, puis en décembre 1679 à Antoine Picquet, seigneur de Hault.

André de Saint-Souplis, chevalier, seigneur de Croquoison et d'Epaumesnil, allié à Charlotte de Biencourt en mai 1677.

Par jugement de l'Intendant de Picardie en date du 4 février 1702, il fut maintenu dans sa qualité de noble et d'écuyer.

Il était âgé de 55 ans, n'eut pas d'enfants, et déclara que lui et sa sœur étaient les derniers de leur nom.

Antoine, Jacques et les deux André de Saint-Souplis ont habité Croquoison.

Le 2 novembre 1668, André de Saint-Souplis, écuyer, seigneur de Croquoison et d'Epaumesnil, a été parrain d'André Damonneville (état civil d'Epaumesnil).

Un sire de Croquoison a son tombeau dans la cathédrale d'Amiens.

Ont encore habité Croquoison aux xvııı⁰ et xıx⁰ siècles :

M. Gilles-François-Maximilien de Carbonnel et dame Anne-Marguerite Ternisien d'Ouville, son épouse ;

M. Pierre-François Baudoult d'Hautefeuille et Mᵐᵉ Marguerite-Aniès Ternisien-Delamotte, son épouse ;

Et M. Pierre-François Soulas.

CHAPITRE VII

Le Domaine

La Seigneurie de Croquoison, tenue de Long, consistait en une maison seigneuriale avec quinze journaux d'enclos, un moulin à vent, cent cinquante journaux de terre, trente journaux de bois et trente livres censives.

(R. de Belleval.)

M. Levasseur de Courtieu l'avait acquis de M. André de Saint-Souplis, par acte devant Me Duval, notaire à Oisemont, du 26 octobre 1714.

Après le décès de M. Levasseur, il fut hérité par Mme de Catigny, sa sœur.

La demoiselle Marie-Marthe Soyez d'Yntraville l'a hérité de la dame de Catigny, son aïeule, par droit d'aînesse.

Le moulin a été vendu par cette demoiselle, devenue épouse de M. Dippre, à M. J.-B^{te} Séclet d'Avelesges, ainsi que nous l'avons indiqué au chapitre VI.

Après le décès de Mme Dippre, il fut partagé entre ses héritiers.

Et probablement par les ventes que ces héritiers ont dû faire de leurs parts, ce domaine devint, pour la majeure partie, la propriété des dames de Carbonnel et Baudoult d'Hautefeuille.

Suivant jugement de l'audience des criées du Tribunal civil d'Amiens du 10 juin 1817, les parties revenues aux enfants Baudoult d'Hautefeuille, des successions de leurs père et mère, furent vendues et acquises par M. Cosserat d'Amiens, qui a conservé le bois et passé command par déclaration du 25 du même mois au profit de M. Adrien-François Robert, négociant à Amiens, pour le surplus comprenant :

1º Friche.....................	5 jx
2º Plant avec maison...........	19
3º Terre, briqueterie..........	25
4º Terre, routière.............	22
5º Terre, fosse d'Heucourt......	22
Total.................	93 jx

Par acte du 19 octobre 1817, M. Robert a revendu ce qu'il avait acheté, à M. Pierre-François Soulas et à Mᵐᵉ Marie-Cécile Louis, sa femme, qui sont décédés : Mᵐᵉ Soulas à Saint-Maulvis, le 1ᵉʳ juin 1845, et M. Soulas au château de Croquoison, le 20 mars 1853. Leurs biens ont été recueillis par M. Soulas, leur fils, professeur au Lycée d'Angoulême.

Ce domaine est aujourd'hui disparu, par suite des ventes qui en ont été faites en détail. Le château et l'en-clos seuls sont encore en la même main (M. Daulé, de Saint-Quentin).

CHAPITRE VIII

Le Château

En briques et pierres, élevé d'un étage, avec perron, couvert en ardoises, bien éclairé par fenêtres et portes vitrées, devant et derrière, grands appartements et chambres à alcôves, doit être du Louis XIII (xviie siècle). On y remarque un bel escalier, tout en chêne, qu'un des seigneurs aurait, un jour, fait gravir par son cheval, qui en serait descendu avec facilité. (Légende orale.)

Derrière le château, assez grand jardin, autrefois clos de murs, puis l'enclos en terrain calcaire très accidenté.

En face le château se remarque un puits, monté anciennement pour tirer l'eau à l'aide d'un cheval.

Le colombier en forme de tour, en charpente et torchis, au milieu de la cour, existe encore.

Une grande mare, entourée de murs en briques, existait dans la cour ; elle a été supprimée à la fin du siècle dernier.

Dans un bâtiment situé à gauche de l'entrée se trouvait « Le Pressoir », comprenant : tour à piler ou tour à auge, et presse à mouton.

Tour à piler ou tour à auge.

Les pommes étaient broyées par une grande roue en bois de deux mètres de hauteur et de vingt centimètres d'épaisseur, mue par un cheval. Cette roue circulait dans une auge en planches, reposant sur le mur d'une touraille, d'un diamètre de cinq mètres sur deux de profondeur. Derrière la roue était fixé un petit appareil en bois appelé « traîneau », servant à secouer la pulpe et à la ramener au fond de l'auge, vers le milieu. Lors du dernier tour, on remplaçait le traîneau par un autre appareil du nom de « cueilleux », espèce de grand racloir d'une largeur égale à la section de l'auge et qui servait à réunir la pulpe en un endroit choisi, où on la prenait à la pelle pour la jeter dans les cuves de macération.

Presse à mouton à vis centrale.

La presse, placée non loin du tour à piler, formée de grosses pièces de bois de chêne, sans aubier, était ainsi établie :

Table ou maie reposant sur quatre pieds et sur une pièce de bois en travers appelée « sommier » ; montants ou « écrives » doubles, de chaque côté, fixés sur le sommier par le bas et reliés au premier « mouton » par le haut ; au milieu de ce premier mouton se trouvait une énorme vis en bois, pressant sur le « blain » ou second mouton, glissant entre les écrives et appuyant sur les poutres, séparées du marc par une « claie » servant à répartir la pression uniformément sur le gâteau. L'écoulement du jus était facilité par de la paille coupée, séparant les lits de marc ou « poumons ».

Les appareils de ce genre, très anciens, ont à peu près disparu ; ils étaient, d'ailleurs, encombrants et peu maniables ; leur seul avantage était qu'il n'entrait dans leur construction aucune pièce de fer ni de fonte susceptible d'occasionner le noircissement du cidre.

Les broyeurs actuels, à noix et à cylindres, les presses de tous systèmes, même à vis centrale, fixe ou mobile, sont de beaucoup plus pratiques, et malgré le fer et la fonte qui les garnissent, permettent encore de faire d'excellent cidre, à la condition que les pommes soient de bons crûs, les ustensiles très propres, et que le brasseur soit prodigue de pommes et avare d'eau.

Il y a moins d'un demi-siècle, il existait encore deux tours de chaque côté de la porte d'entrée du château et deux marronniers séculaires.

CHAPITRE IX

L'Eglise et le Cimetière

L'église, en charpente et torchis, avec couverture en tuiles, a subi des transformations, par suite de réparations. La charpente en chêne paraît dater du XVIe siècle. Sur le côté gauche extérieur, les cinq poutres sont ornées de figures d'apôtres, de saints, et sculptées sur les bouts de poutres mêmes; la sablière ou lite est de même sculptée sur toute sa longueur. A l'extérieur et à l'intérieur de l'église, du même côté, il existe des ornements sculptés aussi sur bois. Du côté droit, pas de sculpture. Sur le pignon, charpente extérieure en saillie datant de la même époque. A l'intérieur, fiches sur quatre des poutres supportant le faîte, également de la même époque; les supports des poutres, non revêtus de sculptures, ont dû être renouvelés.

Cette charpente mérite l'attention des archéologues.

Le clocher (c'est un campenard), en briques, pierres, grès et silex, lourd et disgracieux, a été maintes fois réparé; il paraît avoir été construit après l'église, qui semble y être encastrée. De la disposition de la maçonnerie, on peut croire que l'intention des habitants, à cette époque, a été de reconstruire l'église en briques; mais ce projet n'aura pu, sans doute, être mis à exécution, faute de ressources suffisantes.

Sur l'une des pierres du bas on lit, gravée au couteau, la date de 1627, ce qui peut faire présumer qu'il aurait été construit au xviie siècle.

Le portail est bas, avec arc à anse de panier; au-dessus, lourde maçonnerie avec « campenard » au sommet, formant cintre à jour, où se trouve placée la cloche.

L'intérieur de l'église est d'une grande simplicité.

Autel en bois, très petit, formant armoire servant à ranger les ornements d'église que le prêtre revêt derrière l'autel, à défaut de sacristie.

Un tableau sur toile, non signé, représentant la décapitation de saint Firmin, premier évêque d'Amiens, dans sa prison, se trouve dans le fond de l'église, accroché au pignon, derrière l'autel. Ce tableau paraît ancien ; on y voit : saint Firmin à genoux, revêtu de sa chasuble, la mître sur la tête qu'il tient inclinée ; derrière : le bourreau, le glaive en main, prêt à frapper, et, sur le côté, deux têtes regardant, entre les barreaux du cachot, la scène intérieure.

Le jour de son arrestation, qui eut lieu pendant qu'il officiait, saint Firmin fut enfermé dans l'une des cellules du bas-fond de la prison. Le lendemain, le proconsul Valerius, craignant une évasion, donna l'ordre de le décapiter immédiatement et de couper le corps par morceaux; ce dernier ordre n'a pas été exécuté, le corps ayant été enlevé clandestinement, par un homme puissant et dévoué, a pu ainsi être conservé à la vénération des fidèles (année 303).

Un christ en bois, ancien, se trouve sur la deuxième fiche en face de l'autel. L'artiste local ou étranger, après avoir bien commencé son œuvre, n'a plus, à la fin, gardé les proportions voulues.

Les fonts baptismaux, à droite en entrant, sont en pierre dure; ils peuvent être de la même époque que l'église (xvie siècle).

Le confessionnal !... non, il n'en existe pas de semblable dans le monde entier. Essayer de le décrire est chose impossible : c'est ce qu'aucune plume ne pourrait rendre. Allez le voir et vous en serez... émerveillés.

Du côté gauche, près de l'autel, il existe encore deux bancs fermés, autrefois à l'usage des seigneurs, et un autre banc, aussi fermé, affecté aux femmes de service du château ; ces bancs ont été, bien entendu, renouvelés plusieurs fois.

Du côté droit, plusieurs bancs à dossiers, dont les premiers étaient réservés aux marguilliers et aux notables du pays.

La chaire, en bois de chêne, est au-dessus de ces derniers bancs ; elle est simple et n'offre rien de particulier.

Contre le clocher se trouve une énorme échelle en bois servant pour accéder à la cloche.

Le cimetière fait face au portail et au côté droit de l'église ; entouré de haies mal entretenues, il touche au bois, dont il est comme un prolongement.

L'on n'y trouve aucune trace de la sépulture des seigneurs qui y ont été inhumés.

CHAPITRE X

Cure de Croquoison

La Cure de Croquoison existait au xii° siècle, ainsi que le prouve l'acte de fondation du prieuré d'Airaines par le comte Etienne d'Aumale et Havisse de Mortemer, son épouse, qui donnèrent à l'abbaye de Saint-Martin-des-Champs tout ce qu'ils possédaient sur Airaines.

A la fin de ce document, on lit ce qui suit :

Ex codem priarata dépendent :

1° *Cura*, etc....

2° .....

3° .....

4° .....

5° *Cura parochialis de Croque-oison, cujus patronus Sanctus Firminus, martyr et primus Episcopus Ambrianensis.*

6° *Cura parochialis Sancti Martini d'Estrujen.*

Cette donation a été faite de 1108 à 1119 et reçue par Théobald en sa qualité de prieur de Saint-Martin-des-Champs, qui n'a occupé cette dignité que pendant ce laps de temps.   (MARRIER : *H. de St-Martin-des-Champs.*)

Déclaration du bien et revenu du prieuré d'Araynes de tout ce en quoy il consiste et s'étend, de 1532 :

Dîmage de Croquoison,

Appartient pareillement audit prieuré d'Araynes en la ville et terroir de Croquoison distant dud. prieuré d'une lieue ou environ lequel droit est tel que du tiers, c'est à scavoir de 9 garbes ou autres lieure venant et eschéant à la dime partout le terroir dudit Croquoison de quelques ablais que ce soit, les trois garbes a l'encontre des religieuses, prieure et couvent de Moriencourt et du curé de Croquoison qui prennent chacun un tiers. Et est baillé à ferme ledit droit de disme pour le prieuré d'Araynes à Guillaume Bouteillier demeurant audit lieu, qui en rend six septiers et demy de bled et six septiers et demy d'avoine, mesurés et rendus audit prieuré avec deux livres de cire pour chacqun an.

(Arch. du Prieuré N.-Dame d'Airaines.)

Crokoison au Pouillé de 1301.

Cette paroisse était pauvre et n'avait que 22 feux.

Vocable : Saint Firmin le Martyr.

Présentateur : Le Prieur d'Airaines.

— Déclaration faite le 15 janvier 1730 par le titulaire, Me Philippe Maillot :

Dime du lieu rapportant :

400 gerbes de blé froment qui rendaient 200 boisseaux mesure d'Airaines, évalués 140 livres. 200 gerbes lentilleux ou merlage rendant 100 boisseaux, évalués 60 livres. 100 bottes d'avoine rendant 100 boisseaux, 47 livres 18 sols. 100 bottes de pomelle, 35 livres. 30 bottes de seigle, 15 livres. 100 bottes d'hivernache et vesce, 25 livres. 50 bottes de lin, 37 livres 10 sols. 30 bottes de sainfoin, 6 livres. Fourrage battu, 50 livres. Dime de fruits : un muid de cidre, 12 livres. Dime sacramentelle, 10 livres. Obits et autres fondations, 40 livres.

Casuel : néant.

Total...................................... 478 l. 8 s.

Charges :

Frais de dime, 100 livres. Redevance à la fabrique, 5 livres censives. Réparations du presbytère, 7 livres. — Total............... 116 »

Reste net....... .... 362 l. 8 s.

(Darsy.)

FIN XVIIe ET COMMENCEMENT DU XVIIIe SIÈCLE

Bibl. mun^{le} d'Amiens, mss. 514, p. 108

Etat des Paroisses de l'Archidiaconé d'Amiens, réparties selon leur diaconé

DOYENNÉ D'AIRAINES

CROQUOISON

PATRON	Le Prieur de N.-Dame d'Airaines.
SEIGNEUR	M^r de St Suplice (de Saint-Souplis).
DÉCIMATEUR	Le Curé et ledit Prieur pour un tiers qu'il a abandonné au Curé.
REVENU	200 ll
CÔMMUNIANS	70
REVENU DE LA FABRIQUE	Douze francs.
RÉPARATIONS	En assez bon état.
ORNEMENS	Il y a peu de linge.
CURÉ	François le Maire, Picard : âgé de 70 ans.

Nota. — Le Pouillé de l'Archid. dit que le prieur d'Airaines avait un tiers de la dîme, qu'il a abandonné au curé.

Prêtres ayant exercé leur ministère en l'église Saint-Firmin-le-Martyr, de Croquoison :

1700. — François Lemaire.

1719. — Jean Riquier.

1730. — Philippe Maillot,

Décédé à Croquoison en 1757.

1757. Décembre 17. — Prise de possession de l'Eglise paroissiale de Saint-Firmin-le-Martyr, de Croquoison, du Diocèse d'Amiens, Doyenné d'Airaines, par François Caumartin, vicaire de Domléger,

En présence de :

Nicolas Leschopier, prêtre vicaire et chapelain de Croquoison ;

Etienne Lemaire, cuisinier du château de Croquoison ;

Le chevalier Soyer, seigneur d'Yntraville et de Croquoison ;

François Lefebvre, prêtre de Dromesnil ;

François Boully, curé d'Avesne ;

Nicolas Josse, prêtre, prieur d'Avesne ;

Pierre Boulanger, syndic de Croquoison.

Marguilliers en charge :

François Boulanger, de Croquoison ;

Louis Buzieux, de Croquoison.

(Acte de Sellier, notaire à Airaines.)

1764. Juillet 27. — Prise de possession de la même église par Michel Vasseur, prêtre.

(Acte de Sellier, notaire à Airaines.)

Décédé à Croquoison le 28 avril 1784.

L'ÉGLISE

1784. — Pierre-François Eloy, prêtre.

1787. Août 7. — Prise de possession de ladite église par Antoine Christy, vicaire de Mérélessart.

Les revenus de la Cure à cette époque étaient de 700 livres (Darsy).

Chapelains :

1757. — Leschopier, prêtre vicaire et chapelain.
1764. — Gamart Antoine-François.
1768. — Trongneux.
1770. — Pierre Desaint.
1787. — Louis Corroy.

Après le décès de Maître Maillot, il a été procédé à l'inventaire des biens dépendant de sa succession. (V. chap. XV.)

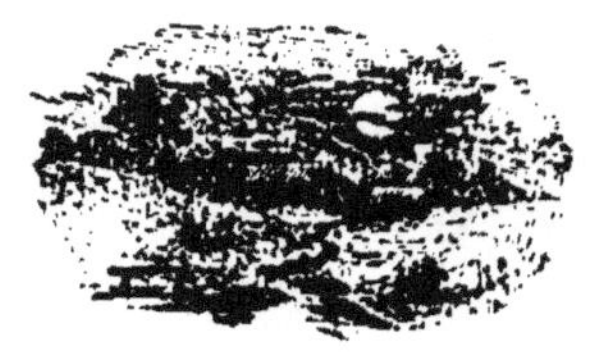

CHAPITRE XI

Culte protestant

En 1569, Charles de Mauvoisin, seigneur de Croquoison, fut, par ordre du roi Charles IX, dépouillé de sa terre de Gratibus, parce qu'il professait les doctrines réformées.

En 1638, sous le ministère de Richelieu, un douloureux événement vint attrister profondément les protestants de nos contrées. Un de leurs hommes, le plus marquant et le plus dévoué, Robert de Saint-Delys, baron d'Heucourt (petit-fils de Robert de Saint-Delys qui avait été massacré à Abbeville en 1562), général de cavalerie, prévenu de trahison, intelligences et pratiques avec les ennemis de l'Etat, fut livré, par lettres patentes du Roi, datées d'Abbeville du 16 août 1638, à des commissaires chargés de faire son procès souverainement et en dernier ressort. Condamné à mort et exécuté le même jour devant la citadelle d'Amiens, sur l'emplacement où est aujourd'hui le Jardin des Plantes. La même sentence déclara ses biens confisqués. (Suivent des appréciations pour disculper de Saint-Delys.)

En 1670, Jacques de Vaux étant pasteur d'Oisemont, les protestants des villages d'Heucourt et de Croquoison assistaient nombreux au prêche et au service qui se faisait dans une chambre haute du château.

LE CIMETIÈRE

En 1806, il y avait dans les communes d'Heucourt et de Croquoison cinquante protestants.   (Rossier.)

En 1829, les protestants d'Heucourt-Croquoison ont fait édifier, à frais communs, le Temple qui existe actuellement à Heucourt, où ils se réunissent pour leurs offices.

Leur nombre diminue chaque jour ; ils ne sont plus que quinze aujourd'hui (adultes et enfants compris).

Les grandes familles des Nourtier, Desmaret, Delassus et Descamps s'éteignent et disparaissent de jour en jour, soit par l'établissement de leurs enfants au dehors, soit par des décès sans enfant.

L'une d'elles, la famille Nourtier, détient la municipalité d'Heucourt depuis près de quatre-vingts ans. Ont été maires successivement :

M. Ferdinand Nourtier, pendant trente ans ;

M. Constant Nourtier, son fils, aussi pendant trente ans;

Et M. Edouard Nourtier, maire actuel, petit-fils de Ferdinand et fils de Constant, depuis vingt ans.

Cette famille doit à son dévouement aux intérêts de la commune d'avoir conservé cet honneur et acquis la sympathie générale des habitants du pays, malgré la différence de religion, la grande majorité ayant toujours été catholique.

CHAPITRE XII

Maïeurs, Syndics et Maires de Croquoison

Le titre de maïeur répondait anciennement à celui de maire usité de nos jours pour désigner le premier magistrat de la commune.

Avant la Révolution, on désignait encore sous le nom de syndic le premier magistrat municipal.

Voici quelques noms de ces titulaires recueillis au cours de nos recherches :

Maïeurs

Nous n'avons relevé aucun nom de maïeurs.

Syndics

1752. — BOULANGER Pierre.

Maires

1793, de l'an III à l'an V. — SELLIER Jean.
De l'an VII à l'an XIV. — SÉCLET Jean-François.
De 1810 à 1820. — BAUDOULT D'HAUTEFEUILLE Pierre-François.
De 1821 à 1832. — SOULAS Pierre-François.
De 1832 à 1834. — BOULENGER.
De 1835 à 1840. — SELLIER Jean.

Après le décès de M. Soulas, maire en exercice, les registres de l'état civil n'ont pas été tenus. Des jugements ont été rendus et transcrits sur ces registres pour suppléer notamment aux actes de décès de M. Soulas, le maire, et de M. Jean-François Séclet.

Antérieurement à 1798, les actes de l'état civil aux archives de la commune sont les actes de baptêmes, mariages et inhumations dressés par les curés de la paroisse.

CHAPITRE XIII

Instruction primaire

En ce qui concerne l'instruction primaire, nous n'avons trouvé aucun document nous renseignant à ce sujet, sauf les dispositions testamentaires d'un sieur Jean dit le Noble que nous transcrirons ci-après. Il n'y a pas trace ni souvenance d'école. Les instituteurs, c'est probable, recevaient les enfants dans leurs maisons, les élèves ne devant pas être nombreux. Ce qui est certain, c'est que les habitants n'étaient pas complètement dépourvus d'instruction et que la toute petite commune de Croquoison avait aussi son « magister ». Les actes de décès de Leclercq de 1741 et de Louis Piédecocq du 12 septembre 1762, le prouvent suffisamment par la mention en ces actes de leurs titres de *magisters de Croquoison*.

Un sieur Jean dit le Noble, natif de Croquoison, décédé à Paris le 8 novembre 1750, par son testament reçu par Mes Gouvion et Magniez, notaires à Paris, le 13 mars 1739, après avoir fait quelques legs particuliers, a légué le surplus de ses biens à l'œuvre et fabrique du village de Croquoison, qu'il a instituée sa légataire universelle, aux charges et conditions suivantes, copiées sur extrait :

« Il sera établi et fondé dans ledit lieux de Croquoison une école à perpétuité ou seront instruit gratuitement tous les enfants males des habitants dudit lieu ; des hameaux fermes et dépendances d'y celui et même des

lieux circonvoisins de la ditte paroisse dans la distance
d'un grand quart de lieux d'y celle paroisse, dans la religion catholique apostolique et Romaine par un prêtre qui
leur enseignera a prier Dieu, le cathechisme a lire a écrire
et même dans tous les temps, a quatres dentres eux le
latin pour les mettres en états de parvenires à l'ordre de
prestrise en fournissant par les pères et mères a leurs
enfants les livres plumes et papiers et encres nécessaires
pour leurs instructions même ceux pour apprendre le
latin aux quatre qui seront destinés ; auquel prestres
sera payé par chacun an par le marguillier en charges de
la ditte œuvre et fabrique la somme de cinq cens livres en
deux paiements égaux de six mois en six mois ; et sera en
outre lèdit ecclésiastique tenu d'assister gratuitement et
sans aucune rétribution aux grandes messes et vespres
qui ce célébreront dan léglise et paroisse de Croquoison
tous les dimanches et festes et ce en surplis et bonnet
quarré, plus de célébrer a perpétuité dans la dite eglise
depuis le premier novembre jusqu'au premier mars a huit
heures et depuis le premier mars jusqu'au premier
novembre a sept heures du matin ; tous les Lundy de
chacune semaine une messe basse du St Esprit et tous les
Jeudy et samedi aussi de chacune semaine une messe
basse de Requiem à l'intention et pour le repos de mon
ame ; et de celle de defunte Magdeleine hubert ma première femme et delizabeth Jousset ma seconde femme
lorsque elle sera décédée de dire un de profundis avec
loraison a la fin de toutes les dittes messes à la même
intention et de faire assister autant quil le pourra tous
lesdits enfans ses écolliers pour lesquelles messes ledit
ecclesiastique se fournira a ses depens de pain vin lumi-
naires et ornemens.

« Je veux et entends qu'il ne puisse estre mis pour
faire la dittes ecolles que des prestres de bonne conduites
lesquels seront tenus de les faire par eux mêmes et de

LE TEMPLE

satisfaire ponctuellement à ma charge de leur établissement, que la nomination desdits ecclesiastiques appar-
tiennent au Seigneur dudit lieu de Croquoison et a ses
successeurs sil veuillent s'en charger; Et ou il le refuse-
rait ou négligerait de la faire au sieur curé et marguilliers
de ladite paroisse. Et que quand ledit maitre decolle aura
été une fois nommés sils remplissent leurs devoirs et de
bonne vie et meurs a quoi je prie lesdits seigneurs curé
et marguilliers dudit lieu de Croquoison de veiller et tenir
la main et qu'il soit de bonne doctrine ils ne puissent plus
être déplacés.

« Il sera aussi établi une ecolle pour les filles et la
maitresse decolle aura un traitement de 200 livres avec
charge de 24 saluts du St Sacrement. »

Acceptation de ces legs :

Acte de Me Sellier, notaire à Airaines, du 3 janvier 1751.

Sont comparu :

Messire Barthelemy-Louis Soyer, chevalier, seigneur
d'Yntraville et de Croquoison ;

Maître Philippe Maillot, curé de ladite paroisse de
Croquoison ;

François Dupont, marguillier en charge ;

Pierre Boulenger, syndicq ;

François Damonneville, laboureur ;

Pierre Buzieux, tisserand ;

Et François Boulenger, laboureur,

Tous anciens marguilliers et principaux habitants de
Croquoison ;

Lesquels étant tous assemblés au lieu ordinaire où se
font les délibérations de l'Eglise et fabrique dudit lieu et
de toutes les affaires de leur ditte communauté après
convocquation qui en a été faite par ledit sr curé au prosne
de la grande messe paroissiale de ce jourd'hui pour déli-

bérer au sujet des fondations et autres legs pieux au long reprises au testament du s^r Jean le Noble.

Lesdits sieurs comparants tous d'une commune voix et délibération unanime ont agréé et accepté les fondations et legs pieux faits par ledit feu sieur Jean le Noble et charges après toutefois que la succession ou héritiers et autres légataires auront fournis et livrés toutes les sommes et autres deniers nécessaires pour parvenir à l'acquit desdittes fondations et autres legs pieux.

Fait et passé audit lieu a l'issus des vespres paroissiales tous lesdits sieurs comparants estant sortis et assemblés en grand nombre près de ladite Eglise, le Dimanche troisième jour de Janvier 1751.

(Une note au bas de cet extrait dit que les biens n'ayant pas été suffisants, le legs concernant l'école des filles n'a pu être exécuté.)

Rien de plus, soit comme écrit, soit comme souvenir, n'a été découvert concernant ce mode d'éducation.

MAISON DITE " AL VIERGE "

CHAPITRE XIV

Divers

Maison dite « Al Vierge », rue d'Avesne. — Une statuette de la Vierge existe sur la façade de cette maison, depuis un temps immémorial. Tous ses possesseurs successifs l'ont toujours respectée et replacée lors des grosses réparations et reconstructions qui ont pu avoir lieu. C'est la maison où est né l'auteur de cette Notice qui la possède encore.

— Des descendants des *Notables de Croquoison du XVIIᵉ siècle*, il n'existe plus actuellement que Mᵐᵉ Gricourt-Séclet, personne très charitable, née à Croquoison et y habitant, qui se trouve être la seule survivante des descendants de la famille Boulenger, l'une des plus anciennes.

— *Charles Sellier*, fils de Jean Sellier et Marie Pierre, de Croquoison, a été notaire à Airaines en 1732 ; il a exercé ses fonctions dans la même étude que l'auteur de cette Notice, aussi natif de Croquoison, qui est devenu son successeur cent quarante ans après.

CHAPITRE XV

Inventaires

I. Inventaire **BAYARD**, au Château de Croquoison

Suivant procès-verbal en date du 17 août 1757, dressé par M⁰ Sellier, notaire à Airaines, il a été procédé au château de Croquoison à l'inventaire des biens dépendant de la succession de Messire Constantin-Louis-Joseph Bayard;

A la requête de :

1ᵉⁿᵗ Madᵉ Marie-Marthe Soyer d'Yntraville, sa veuve ;

2ᵉⁿᵗ Et de ses héritiers qui étaient les enfants de Philippe Bayard, vicomte de Therouanne, demeurant à Sᵗ Omer,

Représentés par Barbet, brigadier de la maréchaussée d'Airaines.

PRISÉE DU MOBILIER

Dans la cuisine il s'est trouvé :

Une crainellé à trois branches, deux chenets, une payre de pinssette, une pelle à feu, trois grilles et une broche, le tout vieu et usé estimé ensemble cent sols..   5   »
Deux marmitte avec leurs couverts estimés 8 livres   8   »
Six chaudrons d'ayrain, estimés 22 livres.......   22   »
Une fouille à repasser le linge, trois poellon, un passoir, une castrole et trois écumette d'airain, estimés 11 livres............................   11   »
Trois castrolle, une poissonnière, une confiturière et une vielle marmite de cuisine, estimé ensemble 20 livres........   20   »

A reporter........   66   »

Report............	66	»
Un tourne broche tout équippé, estimés 18 livres.	18	»
Deux tables de cuisine et un vieu buffet, estimés 6 livres...................................	6	»
Deux bassinoir de cuisine, estimé 4 livres.......	4	»
30 pièces de terre tant pots, jatte, cruche qu'assiette, estimés 40 sols.	2	»
5 chaises fonssé de paille, estimé 10 sols........	»	10
3 fuzel estimé 10 livres	10	»
5 plats, 2 assiettes, 2 pots et 12 cuillière d'étain pesant ensemble 25 livres estimés à 14 sols la livre, 17 livres 10 sols......................	17	10
Quatre tourtière d'airain estimé 50 sols.........	2	10
Deux seille, deux seau relié de cercles de fer et une serinne à batre le beure estimés 6 livres..	6	»
20 livres de lard estimés 6 livres..............	6	»
Dans une chambre attenante à la cuisine la ou couche la servante s'est trouvé un lit garni d'une paillasse, un traversin, une paire de draps et une couverte, estimés 8 livres............	8	»
Une petite armoire de bois de chêne vielle et usé estimé 40 sols...........................	2	»
Un réchaud et trois pied de fer, estimés 3 livres.	3	»
Un trois pied de bois, 6 petites cuvette et un bloc, estimés 4 livres........................	4	»
Un serant deux pannier d'osier estimés 36 sols..	1	16
Dans une autre chambre tenante à celle susditte qui sert de fourni la ou s'est trouvé deux pelle fournoir une de fer l'autre de bois un fourgon une paire de pinssette et deux tamis estimés 2 livres 15 sols	2	15
Deux may trois pétrissoirs un boisseau et un demy boisseau une flouriere estimés 9 livres..	9	»
Une vielle table de bois meslé un petit cuvier estimé 4 livres............................	4	»
Dans une salle attenante à la susditte cuisine s'est trouvé un fauteuille et quatre tabouré tapissé, deux chèses fonssé de paille estimés 12 livres.	12	»
Un grand miroir estimé 9 livres................	9	»
Deux rideau qui se sont trouvé vis a vis des deux fenêtre de serge bleu, estimés 10 livres.......	10	»
Deux table pliante de bois blanc estimés 50 sols.	2	10
Quatre chandellier de cuivre, une petite lanterne et une paire de pinsette estimés 3 livres 15 sols	3	15
A reporter.........	210	6

Report..........	210	6
Dans l'office à côté de la susditte salle s'est trouvé 10 cullière et 10 fourchette, une cullière à soupe une autre à ragout, une payre de mouchette avec le port mouchette trois chandellier le tout d'argent pesant ensemble onze marc faisant en total 495 livres	495	»
9 couteau à manche d'argent estimés 40 livres.	40	»
30 bouteilles de verre vuide estimés 4 liv. 10 sols	4	10
Une payre de chenet et une pique estimés 40 sols	2	»
24 assiette de fayance 6 pots a confiture 3 caffetière une fontaine et sa cuvette 4 plats et deux pots le tout de fayance estimés 7 livres 10 sols	7	10
Une paire darmoir de bois meslé estimé 8 livres	8	»
Plusieurs pièces detain tant plats qu'assiette pesant ensemble 43 livres à 14 sols la livre faisant 30 livres 2 sols..................	30	2
13 douzaine de serviette et deux nappe de différente espesse estimé 90 livres...............	90	»
Une paire de balance de cuivre un trognet et deux serine detain estimés cent sols.........	5	»
Une petite table de bois blanc, estimé 20 sols...	1	»
La vie des Saints en deux tomes estimé 6 livres	6	»
L'histoire des états d'holand estimé à 30 sols...	1	10
18 verre estimé ensemble à 18 sols............	»	18
Dans la salle à manger s'est encore trouvé trois vielle piesse de tapisserie estimé 6 livres.....	6	»
Dans le vestibule une pendule avec sa boette estimé 32 livres.............................	32	»
Dans une autre salle attenante audit vestibule la ou s'est trouvé un lit garni d'une paillasse un lit de plume, un matelat, un oreiller une paire de drap une courte pointe yndienne et des rideaux de camelo bleu estimé 75 livres........	75	»
Deux fauteuille huit chese et 4 tabouré garnis de serge bleu, estimé 14 livres................	14	»
Deux rideau de différente couleur devant une fenètre estimés 3 livres 5 sols........	3	5
Une table en bois de chène à quatre pied estimé 3 livres	3	»
Toute la tapisserie qui se trouve autour de laditte chambre estimé avec une autre pièce de tapisserie qui s'est trouvé pour couvrir une table 15 livres...............................	15	»
A reporter........	1.050	1

Report..........	1.050	1
Un grand miroir un ecran et une payre de pinssette estimés 4 livres......................	4	»
Deux cassette de bois blanc un séran et une payre de chinolle estimés 50 sols............	2	10
Un pique et une huette estimé cinquante sols.	2	10
Dans une chambre hautte au dessus de cette salle à manger s'est trouvé un lit a la capucine garni d'une paillasse un lit de plume un matelas une paire de draps une courtepointe de toille pinte des rideaux de serge rouge estimé 50 livres.....................	50	»
Un autre lit garni d'une paillasse un matelas et des rideau de serge estimé 15 livres........	15	»
Un fauteuille et 3 cheses estimés 50 sols.......	2	10
Une garniture de cheminée un tableau un miroir estimé avec un petit tableau 7 livres.........	7	»
Une grande paire d'armoire de bois de chene estimé 40 livres.....................	40	»
Dans laquelle armoire s'est trouvé quinze payre de draps de toille de lin estimé 150 livres....	150	»
24 payre aussi de draps de grosse toille estimés 96 livres.....................	96	»
24 autres payre de draps de toille un peu plus finne estimés 108 livres.................	108	»
Une malle et une petite serviette estimés 6 livres 10 sols.....................	6	10
Les tapisseries autour de laditte chambre estimés 6 livres.....................	6	»
Une payre de chenets des pinssettes et une pelle à feu estimés 3 livres 10 sols.............	3	10
Dans le vestibule s'est trouvé un vieu coffre servant à mettre les habits des domestique estimé avec un grible 45 sols...............	2	5
Deux bas darmoir de bois de chene estimés 12 livres	12	»
Un lit garni d'une paillasse un lit de plume une payre de drap un oreiller une courte pointe de soie jaune et des rideaux de serge bleu estimé 70 livres.....................	70	»
Une table de bois de chesne et payre de chenets estimés 30 sols.....................	1	10
Un vieu tableau estimé 15 sols ....·........	»	15
Les rideaux qui se sont trouvés vis a vis les croisées estimés 6 livres.....................	6	»
A reporter........	1.636	1

Report............ 1.636 1

Dans la cave s'est trouvé deux pipes ou futaille
  et un demy muid le tout estimé 7 livres ..... 7 »
Un autre demy muid rempli de cidre estimé
  8 livres................................. 8 »
Un vieu chantier estimé 30 sols.............. 1 10
Dans le grenier s'est trouvé deux pannier dozier
  avec 50 bouteilles de ver vuide estimés 8 livres 8 »
Dans le pressoir s'est trouvé douze pipes et quatre
  demy muid vuide estimés 34 livres.......... 34 »
Un vieu tapis d'un métier a faire matelas estimé
  4 livres........................ 4 »
5 cuviers dont deux sont relié de chacun un
  cercle de fer estimés 15 livres.............. 15 »
Deux troupise estimés 15 sols................ » 15
Dans une étable près le poulalier s'est trouvé
  une payre de chenet, une payre de pinsette
  quelque vieu morceau de bois estimés cent sols 5 »
Une scie un demy muid vuide un demy boisseau
  estimé avec une autre scie cent sols......... 5 »
Une lanterne un petit cuvier une beche et une
  petite coigné estimés 55 sols................ 2 15
Dans lecurie s'est trouvé un lit pour les domestique garni d'une paillasse un vieu traversin
  et un loudier estimés 5 livres.............. 5 »
Dans une autre ecurie s'est trouvé un autre lit
  pour les domestique garni comme dessus
  estimé cent sols.................... 5 »
Deux petit cuvier estimé 40 sols.............. 2 »
Un rateau de fer deux fourches une pelle de fer
  et un petit ban estimés 40 sols.............. 2 »
Sous la chartrie s'est trouvé une échelle 60 bottes
  de chaume et les chenerau estimés 7 liv. 10 sols 7 10
Dans une etable et au dessus s'est trouvé 200 de
  fagots estimés 25 livres................... 25 »
400 de feuillard estimés 20 livres............. 20 »
Dix corde de bois meslé estimé 80 livres....... 80 »
Un grand cuvier et un plat vaisseau estimés avec
  un seau une serpe et un bois de lit a 7 livres
  15 sols................................. 7 15
Dans letable a vache s'est trouvé une vache une
  genisse et un veau estimé ensemble 85 livres. 85 »
Une brouette et une civière estimés 3 liv. 10 sols 3 10

A reporter........ 1.969 16

Report	1.969	16
Dans la cour s'est trouvé une charette a cul de paon estimée........................	65	»
Deux charette a fumier dont l'une monté sur deux roue et l'autre sans estimés 25 livres....	25	»
Un cabriolet vieu et usé estimé 70 livres.......	70	»
Une vielle berline a quatre roue estimé 36 livres	36	»
Un mulet estimé 80 livres....................	80	»
Deux vielles auges estimés 30 sols.............	1	10
Cinq moiens cochons coureurs estimés 60 livres	60	»
Un ploutroire une charue et deux hersses estimés 20 livres...........................	20	»
Trois caccollets ou juments de differens ages et poils dont deux noirs et une rouge avecq leurs harnachures de labours et chariage estimés ensemble 270 livres.......................	270	»
Tous les vieux harnois de carosse et cabriolet estimés 18 livres.........................	18	»
Dans la cour s'est trouvé six voitures de fumier estimés 6 livres........................	6	»
80 poules et un cocq estimés 7 livres..........	7	»
Les labours et semences de 20 journaux de terre dans la vallée du bois des Conchils terroir et domaine de Croquoison qui étaient chargés en bled au décès dudit feu sr Bayard non estimés lesd. labours et semences ayant été faits et jetés avant le mariage cy pour ... Mémoire.		
Les labours de 15 journaux de terre semés en avoine en une piéce du costé d'Epaumesnil estimés 75 livres......................	75	»
La semence desdits 15 journaux de terre a 5 boisseau le journal estimés 37 livres 10 sols.	37	10
Les labours de 10 journaux de terre tant en pomelle qu'autres graines de mars estimés 70 liv.	70	»
La semence desdits 10 journaux de terre tant en pomelle qu'autres grains en mars à raison de 5 boisseaux le journal estimés .*.............	50	»
Les habits, linges, armes et autres effets apporté par ledit feu sr Bayard.		
Un surtout bleu a boutons de similon estimé 10 livres...........................	10	»
Un habit de drap blanc et bleu une trece estimé 15 livres...........................	15	»
Un autre habit bleu qui servait de petit uniforme estimé...........................	40	»
A reporter.......	2.925	16

Report	2.925	16
Un autre habit de drap de Reims estimé 20 liv.	20	»
Une veste noir en partie de velour estimé 18 liv.	18	»
Un autre habit de camelot rouge avec une veste de drap écarlatte galonné en or estimés 45 liv.	45	»
Une robe de chambre verte doublé de calmande avec une veste pareille estimée 7 livres 10 sols	7	10
Une robe de chambre de toile pinte estimé 6 liv.	6	»
Un autre habit bleu a boutonnière d'argent et une veste de drap rouge galonné d'argent estimé 22 livres..................	22	»
Une culotte de panne estimé 4 livres.....	4	»
Deux chapeau a plumet blanc l'un bordé d'or estimés	15	»
Un manchon de peau d'ours estimé 3 livres	3	»
Un couteau de chasse avec son ceinturon bordé en or, une épée en partie garnie en argent et un sabre avec leurs ceinturon estimés 12 liv.	12	»
Deux payre de boucle une agraffe a cotte et une payre de bouton le tout d'argent estimés 15 liv.	15	»
Une redingotte et un capot estimés 7 livres.....	7	»
Plusieurs payre de souliers et deux porte manteau estimés....	12	»
Une veste bleu garni en argent estimé 24 livres.	24	»
Une autre veste blanche garni en or et argent estimé....	15	»
Une autre veste de claineau jaune et une en rouge estimés........	9	»
Une autre veste de droguet de soye blanc a boutonnière d'or estimé 12 livres....	12	»
Une autre veste de droguet vert avec des galons en or estimé 8 livres................	8	»
Une autre veste de claineau blanc estimé......	4	»
Cinq paire de bas de soye grise et blanc estimé.	20	»
10 culottes de différente couleur estimés 55 liv..	55	»
Une paire de bas de chamois un vieu ceinturon blanc estimés............................ ...	2	10
Une autre payre de bas de soye blanc estimé 3 livres 10 sols....	3	10
26 chemises garnies estimés 130 livres.........	130	»
14 chemises de nuits estimés 49 livres.........	49	»
18 cols estimés 5 livres 8 sols................	5	8
6 coeffes de nuits estimés 30 sols.............	1	10
Deux douzaines de mouchoirs de poche estimés.	18	»
Deux selles deux brides et deux pistolets estimés	40	»
A reporter........	3.509	4

Report.......... 3.509   4

6 bonnets de nuits estimés 3 livres...........   3   »

Le cheval dudit feu s^r Bayard a été estimé à la vacation de ce jourd'hui avant midy. Mémoire.

qui est tous les meubles trouvé existant au château sauf quelque mauvaise nippe destinés pour les domestique suivant les volontés du deffunt ayant été représenté une montre d'argent avec son cordon de soye clef de cuivre avec son agrafe en cuivre et un cachet d'argent estimé 30 livres..........   30   »

En sorte que l'importance de la présente prisée porte la somme de 3.542 livres quatre sols... 3.542   4

Suit l'analyse des papiers.

1^{ent} Contrat de mariage, etc...

PASSIF

Il a été déclaré qu'il était dû :

1º

2º

3º

4º A Charles Waquet de l'arbre à mouches 75 livres pour un demy muid de vin à   75

5º

6º A M. le Curé pour le service très solennel à 9 leçons, sonnage, enterrement et la messe haute, le vicaire pour assistance, les Diacre, sous Diacre et clercs, les congrégés au nombre de 6 et serviteurs d'Eglise, pour avoir sonné pendant 6 semaines, un second service qui a été fait compris encore celuy anniversaire qui se faira à la fin de l'année revient compris cire armoirie et dispendances a la somme de cent livres   100

7º etc.

Total du passif 7,000 livres.......... 7.000   »

II. Inventaire **MAILLOT**, au Presbytère de Croquoison

Suivant procès-verbal en date du 1er décembre 1757, dressé par Me Sellier, notaire à Airaines, il a été procédé au presbytère de Croquoison à l'inventaire des biens dépendant de la succession de Maître Philippe Maillot, décédé curé de Croquoison ;

A la requête du sr Antoine Josse, maître boulanger à Abbeville,

Seul héritier de Maître Philippe Maillot, son cousin-germain.

Il a été inventorié :

Une paire de chenets une paire de pinssette une pelle a feu une crainelle un gril vieu estimés 4 livres....	4	»
Un tourne broche avec les ustensiles estimé 10 liv.	10	»
Deux moyenne marmite avec leur couvert estimé 3 livres...................................	3	»
Deux écumettes estimés 10 sols	»	10
Cinq petits chandelliers de potain estimés 3 liv.	3	»
Six petits chaudrons dayrain estimés 10 livres..	10	»
2 bassinoires 2 passoires 2 poellons dayrain un bassin de chaise percé aussi dayrain 2 castrolles estimés 15 livres................	15	»
2 seringues estimés 4 livres.....	4	»
Une seille estimé 3 livres......................	3	»
Tout lestain tant plats qu'assiettes et cullières pesant ensemble 76 livres estimés à 15 sols la livre 58 livres 10 sols......................	58	10
3 couvercles de fer de taulle et 2 poelles a queue avec 3 fer a repasser le linge estimés 30 sols..	1	10
Une potière en vytrage estimé 4 livres.........	4	»
Un fourneau de bois estimé 2 livres...........	2	»
Une petite armoire et un garde manger estimé 4 livres......................................	4	»
6 chaise a fond de paille estimés 36 sols	1	16
20 pieces de fayance tant assiettes que saladiers estimés 4 livres.............................	4	»
Toute la vesselle de terre estimé 15 livres......	15	»
40 bouteilles de verre vuide estimés 6 livres ...	6	»
A reporter.........	149	06

Report..........	149	06

Dans la petite chambre à côté de la cuisine :

Une may deux vieux tamis une pelle a four de bois, un fourgon estimés 40 sols......... .	2	»
Un bas darmoire estimé 6 livres..............	6	»
Un collier de cheval et un vieux basset estimés 10 livres................................	10	»

Dans le grenier :

Six boisseaux de st foin mesure d'Ayraines, estimés 50 sols	2	10
Deux muyds de cidre nouveau estimés compris les futailles et le chantier 25 livres.	25	»

Dans la chambre mortuaire :

3 vielles tables pliantes estimés 30 sols........	1	10
12 petits tableaux un bénitier d'Estain estimés 30 sols.	1	10
Un petit miroir et une vieille lanterne estimés 20 sols................................	1	»
5 chaises a fond de paille estimés 50 sols.......	2	10
Le lit dudit feu sr curé de Croquoison garni d'un lit de plumes un traversin un oreiller deux draps une couverte une courte pointe et des rideaux de serge verte estimé 30 livres.......	30	»
90 vieux livres de différentes histoires estimés 12 livres............................	12	»
Une grande payre d'armoire de chesne ferment a plusieurs clefs estimé 20 livres..........	20	»
Dans laquelle armoire s'est trouvé cinq paire de draps commun estimé 15 livres..........	15	»
Cinq vielles napes estimés 5 livres.............	5	»
3 mouchoirs de poche et 3 paires de manchettes estimés 20 sols........................	1	»
48 serviettes estimés 10 livres...............	10	»
24 chemises a usage dudit Maillot estimés 20 liv.	20	»
Un vieux surplis estimé 3 livres..............	3	»
12 vielles coeffes de nuit 4 testes d'oreiller 6 torchons estimés 40 sols..................	2	»
Les habits dudit Maillot consistant en deux soutanes un habit deux vestes deux culottes deux payre de bas deux payre de souliers le tout usé estimé 40 livres......................	40	»
Deux chapeaux et deux vielles peruques estimés cent sols............................	5	»
Un petit bureau estimé 40 sols...............	2	»

A reporter.......	366	06

Report	366	06
Dans la chambre vers la aïu s'est trouvé deux vieu lits de domestique estimés 24 livres.....	24	»
Une vielle selle et une vielle bride estimés 30 sols	1	10
15 livres de gros fil de lin estimés 6 livres......	6	»
Un muid de cidre nouveau estimé avec la futaille 10 livres..................................	10	»
Dans le petit bucher s'est trouvé pour 10 livres de bois à brûler tant fagots qu'autre bois.....	10	»
Dans la cour s'est trouvé une vielle cuvette estimé 10 livres..............................	10	»
Dans lad. cour pour 20 sols de fumier.........	1	»
Dans la grange s'est trouvé 150 gerbes de bled à battre estimés 40 livres.........	40	»
80 vuaras estimés 20 livres....................	20	»
100 gerbes d'avoine et pomelle estimés 25 livres.	25	»
Dans l'écurie s'est trouvé une petite auge et un petit ratelier estimés 12 livres..	12	»
Totalle..............	525^l	16^s

Il n'a été déclaré aucune dette ni constaté la possession d'aucun immeuble par Maître Maillot.

III. **Inventaire BUZIEUX, tisseur à Croquoison**

Suivant procès-verbal en date du 9 juillet 1764, dressé par led. Me Sellier, notaire à Airaines, il a été procédé après les décès de Jean Buzieux, tisseur, et de Marie-Anne Fossé, sa femme, en leur maison à Croquoison, à l'inventaire des biens dépendant de leurs successions ;

A la requête du tuteur des enfants mineurs des époux Buzieux-Fossé.

Prisée du Mobilier

En ladite maison mortuaire s'est trouvé une cramillé une paire de chenets deux lampe de fer estimé 20 sols	1	»
Deux marmitte avec leur couvert estimés 40 sols.	2	»
Un petit buffet une potiere une petite table quatre cheses de paille une sellette 5 piece de vaisselle de terre estimés.	1	»
A reporter	4	»

Report............	4	»
Un vieu lavier estimé 5 sols	»	5
Dans la chambre s'est trouvé 3 chaudrons dairain une jatte de terre une vielle coigné estimés 6 livres	6	»
Un coffre de bois de chesne estimé 4 livres......	4	»
Dans lequel coffre s'est trouvé deux bouteilles de ver un plat de terre 3 assiettes et un plat de fayance estimés 12 sols......................	»	12
Une may un petrissoir, 2 vieu tamis une pelle a four une petite table et ratoir estimés 3 livres.	3	»
Une bêche un petit pannier une englume a dart estimé 20 sols	1	»
Un lit garni dune paillasse un loudier deux traversin trois draps estimés 3 livres............	3	»
Un bois de lit et une échelle estimé 10 sols......	»	10
Dans une autre chambre un métier a faire toille tout ferti estimé 4 livres.	4	»
Une seille reliée de 4 cercles de fer estimé 40 sols	2	»
Une livre de sel et un boetier estimés 22 sols....	1	2
Deux demy muid vuide une vielle futaille estimés 40 sols..................................	2	»
Un grible une serine une pelle a four estimés 20 s.	1	»
Un seau quelques vielle feraille une poelle a queû une cruche deux petits pots de terre deux vielles faux estimés 24 sols...................	1	4
5 lames et 4 rots estimés 6 livres........	6	»
Plusieurs vieux morceaux de bois estimés 5 sols.	»	5
Dans le grenier s'est trouvé 3 vieux bacquets et 2 boisseau de pomelle estimé 20 sols.	1	»
Dans la grange s'est trouvé un cuvier un lavoir 2 tonne de paille un trois pied estimés 4 livres.	4	»
La paille qui s'est trouvé dans laditte grange tant gerbé que paille de pomelle estimé 30 sols....	1	10
Une cruche quelques cheneraux 12 bottes de lin estimés 20 sols..........................	1	»
3 bestes a laisne et 3 agneaux estimés 12 livres..	12	»
Le fumier de la cour avec un fourcher estimé 6 liv.	6	»
45 fagots et 18 feuillard estimé 7 livres..........	7	»
Une vache estimé 40 livres.....................	40	»
12 piece de lin estimé 12 livres.................	12	»
Totalle.................	124ˡ	8ˢ

À comparu François Boulanger, laboureur, lequel a déclaré que ledit feu sieur Jean Busieux lui a déposé et mis en mains la somme de 228 livres.

Pas de passif.

Il a été déclaré qu'il dépendait de ces successions :

Un quartier de terre au terroir d'Heucourt, au lieudit Batard ;

Deux quartiers de terre au terroir de Croquoison, au lieu nommé Biacan ;

Deux quartiers de terre terroir dudit Croquoison, au lieu nommé le Mont de Biacants ;

Un demy journal de terre, terroir d'Utrejus ;

Une maison et autres bâtiments audit Croquoison ;

4 verges de masure non amasé à usage de jardin ;

Un demi journal de terre, terroir dud. Utrejus, sur le grand rideau.

IV. Inventaire François SELLIER, laboureur à Croquoison

Suivant procès-verbal en date du 12 décembre 1720, dressé par Charles Sellier, procureur au bailliage roial d'Ayrenne et darguel de la terre et Seigneurie de Croquoison ;

A la requête de Louise Sangnier veuve de feu François Sellier vivant laboureur au village dudit Croquoison, et de pierre defarssy tuteur subrogé par Justice à l'administration des biens de Jean et Marie françoise Sellier enfans mineurs dudit feu François Sellier et de feüe Magdeleine Nourtier vivante sa première femme, en la présence de Jacob perimony charpentier dem[t] au village d'Heucourt leur curateur,

Il a été procédé à l'inventaire de tout les effets mobilliaire titres et papiers délaissés après les décès des feu Sellier et Nourtier et trouvés en leur maison mortuaire audit Croquoison, lesquels meubles et effets ont estés estimés par Charles Sellier et Charles d'acheux tous deux laboureurs dem[t] audit Croquoison.

Suit la prisée :

Une cramillée vieille et usé avecq deux chenets estimés douze sols...................................... » 12

Un gril de fer avec deux vieux chenets, lesquels ladite veuve a déclaré lui appartenir par son contrat de mariage, estimés 10 sols............ » 10

Une marmitte avecq son couvert laquelle ladite veuve a déclaré lui appartenir par son dit contrat de mariage avec une poesle a queue deux chaudrons derain, un poëslon une escuelle detain un fer a repasser un seaux avec trois cercles de fer avecq cinq plat six assiettes destain le tout marqué sous le nom de ladite Sangnier et de feu Jean Sangnier son père estimés à 25 livres... .... 25 »

Une ahotoire de draps noire, une autre de serge daumalle trois tabliers scavoir un gris de serge un destamine un blanq de toile, un lit garnis un coffre de bois de chesne une fleuriere, quatre costillon scavoir deux de serge, un noir, un rouge plus un blanq, un viollet de serge encore, rouge, deux jupe scavoir une noire et une destamine, lesquels meubles et habit ladite veuve a déclaré lui appartenir et être portés par sondit contrat de mariage, estimés 49 livres... 49 »

Quatre paires de draps scavoir une paire de toile de lin et trois paire de toile de chanvre, avec une douzaine de chemises de toile de lin, une demi-douzaine de serviettes, une douzaine de coeffe, une douzaine de bonnet et une douzaine de mouchoirs, lesquelles ladite a aussi déclaré lui appartenir et être portés en son contrat de mariage, estimés 39 livres .... 39 »

Un sberan une lampe une seille avec quatre cercles de fer un petit buffet une potiere estimés 5 livres 15 sols......................... 5 15

Une pelle à four un fourgon de fer un louchet et une pelle a feu estimés 38 sols................. 1 18

Deux chaudrons derain scavoir un grand et un moien, une vieille marmitte avec son couvert estimés 7 livres 10 sols....................... 7 10

Quatre plats destain cinq assiettes aussi destain estimés .... 17 »

Trois vieilles cheze avec une vieille serine et une vieille fleuriere estimés 30 sols............. ... 1 10

A reporter........ 147 15

Report..............	147	15
Un coffre de bois de chesne estimé 5 livres......	5	»
Un autre coffre et un petit coffre estimés 7 l. 10 sols	7	10
Une table un cuvier et une maiz estimés 3 l. 10 sols	3	10
Un demy muid en vuidenge et un petit baril a bouillon estimés 50 sols.....................	2	10
Un autre demy muid plein de cidre estimé 7 liv. 10 sols........................	7	10
Deux metiers a toille dans lesquelles il n'y a que trois coterest estimés avecq tous les estansilles 15 livres 10 sols.........................	15	10
Un vieux justaucorps de couleur gris une vieille culotte rouge, une vieille paire de bas noire une vieille paire de soullets et une couple de vieille chemises estimés 10 livres....................	10	»
Un cotillon bleu, un blanq, une boiette destamine et une ahotoire a usage de laditte défunte Nourtier et desquelles se sert laditte Marie-Françoise Sellier sa fille estimés 15 livres	15	»
Dans lescurie de ladite maison s'est trouvé deux vieilles cacalles, scavoir une sous poille noire et une sous poille blanq estimés 25 livres.....	25	»
Une vieille auge et un ratelier estimés 15 sols...	»	15
Une vache sous poille roux estimée 30 livres....	30	»
Deux vieilles charelte scavoir une grande et une petite avecq un train et toutes les estansilles estimés avec deux vieilles herses 18 livres....	18	»
Environ trois dizeaux de fagots estimés 3 livres.	3	»
Dans la grange de laditte maison s'est trouvé environ 200 jarbes de bled sans batre estimés 81 l.	81	»
Environ onze dizeaux davoine en jarbes estimés 40 livres.........................	40	»
Quatre dizeaux de pomelle en jarbes estimés 10 livres 10 sols.........................	10	10
Une douzaine de bottes de lin, estimés 9 livres..	9	»
Deux dizeaux de vesche estimés 4 livres 10 sols..	4	10
Deux dizeaux de lentillon de mars estimés 6 liv. 10 sols...........................	6	10
Dix poules et un cocq estimés 3 livres 12 sols...	3	12
Le fumier dans la cour estimé 20 sols..........	1	»
Les labours et semences de 7 journaux de terre en propre semés en lentille estimés 47 l. 10 sols	47	10
Les labours et semences de 4 journaux moins un quartier de terre à ferme de M. de Courtieu seigneur dudit Croquoison estimés 40 livres..	40	»
Totalle...............	534	12

La veuve Sellier a déclaré qu'il était dû par laditte succession savoir :

Au mareschal davesne 22 livres 17 sols.........	22 17
A M. de Courtieu pour redevance de fermage des terres de son domaine 83 livres 16 sols	83 16
A M. de Carvoisin seigneur desturgeux 16 livres pour bois........	16 »
Au sieur Sangnier notaire à espaumesnil 5 livres aussi pour bois (erreur, *lire :* Saint-Maulvis)...	5 »
A Antoine Noblesse de Croquoison 7 livres 10 sols pour du sel de la présente année...	7 10
A Pierre Guidon collecteur de taille de la paroisse dudit Croquoison 16 livres pour la taille de cette présente année	16 »
A Martin Dufour bourlier à allery 20 sols.......	1 »
A Philippe Boulanger charon audit Croquoison 17 livres 15 sols..........................	17 15
Au sieur Sorel notaire à Ayrenne 2 livres plus au sieur Lebon chirurgien a Villers-Campsart 10 livres pour penssemens par lui faits audit défunt dans sa dernière maladie	12 »
Au sieur Sellier procureur a Ayrenne tant pour sallaires et vacations d'un procès auquel il a occupé pour ledit défunt et laditte Loüise Sangnier en la Justice dayreinne contre Jean Sangnier de Hangest 18 livres...	18 »
Ensemble............	199ˡ 18ˢ

Des inventaires ci-dessus, pris dans des classes différentes de la société, il apparaît que les seigneurs de Croquoison n'étaient pas très opulents, et que le curé était moins riche que le laboureur et le tisseur.

CHAPITRE XVI

Conclusion

Le minuscule village de Croquoison, ignoré de la majeure partie des Picards, a eu, dans les siècles passés, son temps de notoriété et de vie active, par les seigneurs qui l'ont habité. Nous n'avons jamais ouï dire que ses habitants aient eu à se plaindre d'eux ; ils trouvaient plutôt, auprès de leurs seigneurs, les avantages d'une vie agréable et facile, aucune des notes consultées ne venant le contredire. Un bon souvenir était conservé par les anciens de leur dernière châtelaine, Mme Dippre, qui passait pour être charitable et bonne.

Avec le château se trouvaient quelques maisons aisées, notamment celles des Sellier, des Boullenger, Gamard, Fossé, Séclet, etc.

Les ouvriers n'étaient pas des mercenaires : chacun d'eux possédait quelques lopins de terre en propriété ou en location et les cultivait, ce qui permettait de vivre à l'aise. Ils étaient sobres, économes, et profitaient de la générosité des châtelains.

Même aujourd'hui, que les seigneurs de Croquoison et la majeure partie des maisons opulentes d'antan ont disparu, il est encore de bonnes âmes dans le pays et, dans le voisinage, des seigneurs qui soulagent les malheureux et secourent les infortunes. Nous devons ce juste hommage à la vérité, en montrant qu'il existe encore, quoi qu'on en dise, des châtelains et autres personnes dont le cœur et la bourse sont largement ouverts à ceux qui souffrent.

Les personnes habitant Croquoison sont presque toutes propriétaires de leur maison, et, avec leurs métiers habituels, font un peu de culture. La généralité est toujours sobre et économe ; la seule chose qui puisse être reprochée à quelques-uns, c'est d'être quelque peu braconniers. La cause en est dans la proximité des bois et les taquineries de « Maître Jeannot », qui se permet de venir manger leurs choux jusque dans leurs jardins. Passe encore s'ils se contentaient d'occir le lapin dans leurs propriétés, mais souvent la tentation les pousse à troubler le calme des grands bois par la détonation formidable d'un vieux tromblon à un coup. Ce sont d'ailleurs des braconniers fantaisistes et peu dangereux.

Le proverbe *« Kiot poeys mécheintes geins »* ne peut s'appliquer à Croquoison, ses habitants n'étant ni moins bons ni meilleurs que ceux des grandes localités. Ce qui peut être affirmé, c'est qu'aucune vengeance de village s'y soit jamais exercée et qu'il y ait jamais eu d'incendie, même accidentel. Les disciples de la vendetta n'auraient pu vivre parmi cette population honnête et laborieuse.

Peu de ses habitants se sont dirigés vers Paris, ce qui était cependant assez facile, la route nationale de Paris à Calais passant à Airaines, soit à six kilomètres. Un sieur Jean dit le Noble paraît seul s'y être rendu et y est décédé en 1750. Il a dû y faire d'assez bonnes affaires, ce qui est confirmé par les legs assez importants, par lui faits à la Fabrique de l'Eglise de Croquoison, dont nous avons parlé au chapitre XIII.

Un mot, pour terminer, aux lecteurs de cette Notice. Au lieu d'aller, bien loin, chercher des sites pittoresques, qu'à grand renfort de réclame on ne cesse de vanter, nous faisons ici un pressant appel aux amateurs de la « belle nature » ignorant la topographie de Croquoison : qu'ils viennent passer, par un beau jour d'été ou d'automne surtout, quelques heures de délicieuse promenade à l'orée de nos grands bois, dans ce joli petit coin retiré de notre chère Picardie, ils n'auront pas à le regretter.

TABLE DES MATIÈRES

PLANS

Du Village.

Du Territoire.

GRAVURES

Le Puits communal.

Le Château.

L'Eglise.

Le Cimetière.

Temple protestant.

Maison « Al Vierge ».